こころの賛美歌・唱歌

あのなつかしいメロディーと歌詞を歌う

大塚野百合
監修

友
TOMOセレクト
TOMO
SELECT

賛 ＝賛美歌
唱 ＝唱歌

＊目　次

注……収録作品の歴史的仮名遣いはすべて現代仮名遣いに改めています。

1.「わずらい多き世の中にも」賛 &「埴生《はにゅう》の宿」唱

原曲が Home, Sweet Home の名曲

賛「わずらい多き世の中にも」
1903（明治36）年版『讃美歌』354番
詞・David Denham　曲・Henry R. Bishop

8-9ページの「埴生の宿」同様、ビショップの“Home, Sweet Home”の曲を使用していますが、細かいニュアンスが“Home, Sweet Home”と異なります。他の曲もそうですが、「学校唱歌校門を出ず」と言われるくらいに、一般に洋楽になじみがなかった明治中期のこと、庶民にも歌いやすいようにと、曲を平易に変えるなどした工夫がみられます。

一、わずらい多き　世の中にも
きよきみたみの　群れに入りて
心やすけく　主の宴《うたげ》の
み招き受くる　その楽しさ
（くりかえし）
ああ　なつかし
あまつみくにの　そのまといや

二、イエス君を主と　仰ぎまつる
平和の子らの　したしみこそ
まだ見ぬ天《あめ》の　つきぬさちの
おぼろに映る　おもかげなれ
（くりかえし）

三、さだめなき世の　うきなやみも
昔がたりと　なしはてつつ
主のみめぐみを　御座のもとに
親しくほむる　日ぞまたるる
（くりかえし）

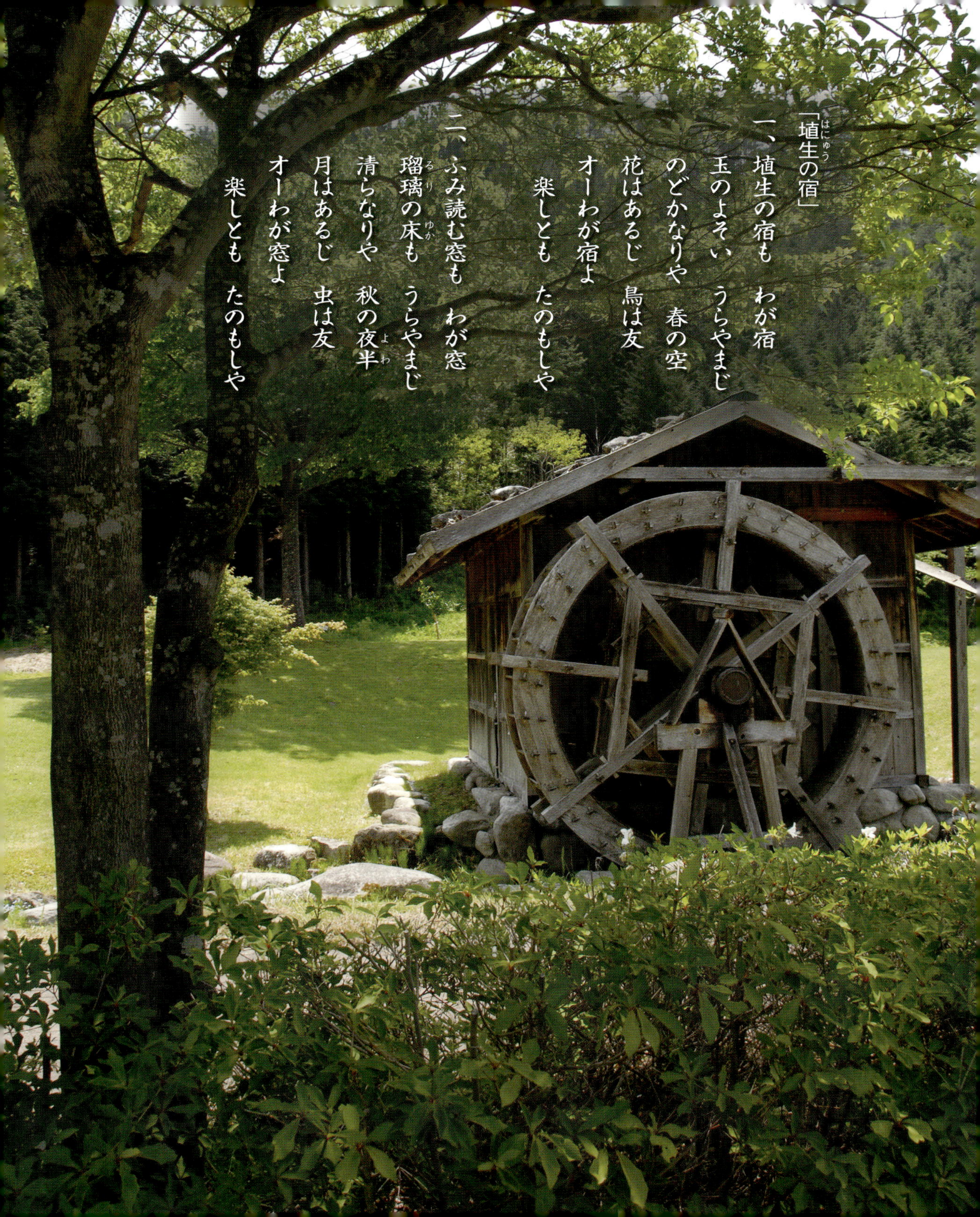

「埴生《はにゅう》の宿」

一、埴生の宿も　わが宿
玉のよそい　うらやまじ
のどかなりや　春の空
花はあるじ　鳥は友
オーわが宿よ
楽しとも　たのもしや

二、ふみ読む窓も　わが窓
瑠璃《るり》の床《ゆか》も　うらやまじ
清らなりや　秋の夜半《よわ》
月はあるじ　虫は友
オーわが窓よ
楽しとも　たのもしや

唱 「埴生《はにゅう》の宿」

詞・里見義　曲・H.ビショップ

「わずらい多き世の中にも」＆「埴生《はにゅう》の宿」

第2次世界大戦でのビルマ（現ミャンマー）戦線を題材にした映画『ビルマの竪琴《たてごと》』（原作は竹山道雄の同名小説）。その中で繰り返し歌われるのが「埴生の宿」です。中でも、イギリス軍に包囲されて窮地に陥った日本軍兵士が「埴生の宿」を歌い、イギリス軍兵士が原曲の“Home, Sweet Home”を歌って戦闘中に大合唱になる場面は印象的です。

“Home, Sweet Home”はもともとオペラの歌曲で、作詞はアメリカ人のジョン・ハワード・ペイン、作曲はイギリス人のヘンリ・ビショップです。明治初期、これに「埴生の宿」の歌詞が付き、1889年発行の尋常中学校の教材である『中等唱歌集』に収録され、日本でも広く愛唱されるようになりました。

「埴生の宿」も“Home, Sweet Home”も懐かしいわが家を思う曲ですが、デビッド・デンハムというイギリス人の牧師が歌詞にあるホーム（Home）を地上のホームではなく天のホームと読み替えて賛美歌を作りました。これが翻訳されて1897年に『基督教聖歌集』に収録され、1903年版『讃美歌』で訳し直され、天の国の幸を歌う「わずらい多き世の中にも」として収録されました。

2.

「花よりも愛《め》でにし」賛 & 「故郷の人々（スワニー川）」唱

原曲がフォスターの名曲 Old Folks at Home

賛「花よりも愛《め》でにし」
1903（明治36）年版『讃美歌』317番
詞・別所梅之助　曲・Stephen C. Foster

はなよりもめでにし　わが子よ
のこししこころもだに　いとなつかし
たのみなきたびじを　いずこに
さまよえるかいまは　はなちるくれ
（くりかえし）
わが子よ　わが子よ　とくかえり
こころゆくいのりを　ともにせずや

この曲は『**新聖歌**』**359番**「罪深きこの身を」で下記の詞で歌われます。

1、罪深きこの身を　愛して
　イエスは木に掛《か》かられ　いのち捨《す》てぬ
　何《なん》たる愛ぞ！ 愛ぞ！ 涙に
　ただむせびてイエスを　見る他《ほか》なし
　（くりかえし）
　　救いはこの身に　成就《じょうじゅ》しぬ
　　われいかで疑《うたが》わん　主の御業《みわざ》を

2、われ滅びの中に　ありしを
　主は捜《さが》し求めぬ　長き月日《つきひ》
　今やわれの罪は　跡《あと》なく
　主の血にて洗われ　きよくなれり
　（くりかえし）

一、花よりも愛《め》でにし　わが子よ
残ししころもだに　いと懐かし
たのみなき旅路を　いずこに
さまよえるか今は　花ちるくれ
（くりかえし）
わが子よわが子よ　とくかえり
心ゆくいのりを　共にせずや

二、かすむまで送りし　わが子よ
みそらかける雁《かり》に　便り寄せよ
たのみなき旅路を　いずこに
さまよえるか今は　月すむ夜半《よわ》
（くりかえし）

三、神のつかいとみし　わが子よ
汝《な》が父はおとろえ　母は老いぬ
たのみなき旅路を　いずこに
さまよえるか今は　雪のあした
（くりかえし）

「故郷の人々（スワニー川）」

一、はるかなるスワニー川　その下《しも》
なつかしの彼方《かなた》よ　わがふるさと
旅空のあこがれ　果てなく
思い出《い》ずふるさと　父母《ちちはは》います
（くりかえし）
長き年月《としつき》　旅にあれば
おお　疲れしわが胸
父母《ふぼ》を慕うよ

二、あぜみちさすらいし　思い出
はらからと遊びし　楽しき日
夢あまき歌声　むなしや
おお　行《ゆ》きて暮らさまし　母のもとに
（くりかえし）

「花よりも愛《め》でにし」
＆「故郷の人々（スワニー川）」

アメリカではフロリダ州の州歌となったほどポピュラーなフォスターの名曲『故郷の人々』（作詞・作曲フォスター、1851年。別名『スワニー川』）。アメリカ人の郷愁を誘う名曲として映画の中などでも使われます。原曲の歌詞は、アメリカ南部での奴隷労働から北部に逃れた黒人が故郷を思う内容となっています。

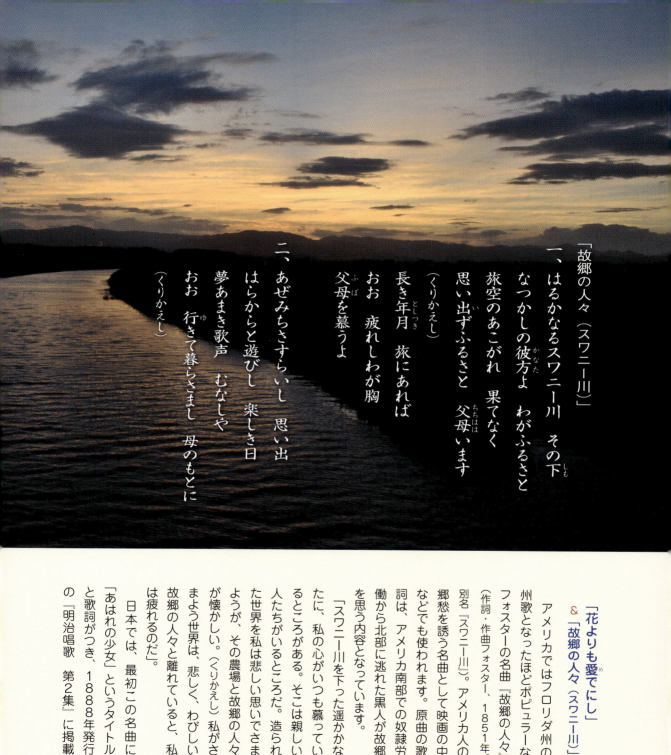

「スワニー川を下った遥かかなたに、私の心がいつも慕っているところがある。そこは親しい人たちがいるところだ。造られた世界を私は悲しい思いでさまようが、その農場と故郷の人々が懐かしい。（くりかえし）私がさまよう世界は、悲しく、わびしい。故郷の人々と離れていると、私は疲れるのだ」。

日本では、最初この名曲に「あはれの少女」というタイトルと歌詞がつき、1888年発行の『明治唱歌　第2集』に掲載

唱 「故郷の人々（スワニー川）」

詞・勝承夫　曲・フォスター

されました。歌詞は「吹きまく風は顔を裂き、みるみる雪は地に満ちぬ。あわれ素足の乙女子よ。別れし母を呼ばうらん」（1番。大和田建樹作詞）でした。その後、聖書翻訳家であり、賛美歌作者でもある別所梅之助が「花よりも愛でにし」の歌詞をつけて、1903年発行の『讃美歌』に収録しました。ただし、1931年版『讃美歌』では曲が変えられています（524番）。

歌詞は、母の元を去って遠い地へと旅立ち、魂の放浪をしている息子を思い、両親のもとへ、そして神のもとへ帰るように祈ります。歌詞の中で繰り返される「たのみなき旅路を　いずこに　さまよえるか今は……」は見事にフォスターの歌詞とも響き合い、魂の故郷を思う気持ちがあふれています。現在でも同じ曲に別の歌詞（10ページ下段）がついた賛美歌が『新聖歌』に収録されています。

3.

「母ぎみにまさる」「いつくしみ深き」賛 & 「星の界《よ》」「星の世界」唱

文部省唱歌としても抜群の知名度

賛 「母ぎみにまさる」

1931（昭和6）年版『讃美歌』437番
詞・作者不詳　曲・Charles C. Converse

今日、この曲で知られている賛美歌は一般に「いつくしみ深き」（1954年版『讃美歌』312番、なお『讃美歌21』493番では「いつくしみ深い」）ですが、ここではあえて上記の歌詞を紹介します。「いつくしみ深き」の1、2番の歌詞は下記のとおり。

1、いつくしみ深き　友なるイェスは
　罪とが憂いを　とり去りたもう
　こころの嘆きを　包まず述べて
　などかは下《おろ》さぬ　負える重荷を

2、いつくしみ深き　友なるイェスは
　われらの弱きを　知りて憐《あわれ》む
　悩みかなしみに　沈めるときも
　祈りにこたえて　慰めたまわん

一、母ぎみにまさる
ともや世にある
生命《いのち》の春にも
老《おい》の秋にも
やさしくいたわり
いとしみたもう
母ぎみにまさる
ともや世にある

二、母ぎみにまさる
ともや世にある
笑《え》まいも涙も
ともにわかちて
夕べの祈りに
こころをあわす
母ぎみにまさる
ともや世にある

「星の界《よ》」

一、月なきみ空に　きらめく光
嗚呼《ああ》その星影　希望のすがた
人智は果てなし　無窮《むきゅう》の遠《おち》に
いざその星影　きわめも行かん

二、雲なきみ空に　横とう光
ああ洋々たる　銀河の流れ
仰ぎて眺《なが》むる　万里のあなた
いざ棹《さお》させよや　窮理《きゅうり》の船に

「母ぎみにまさる」
&「星の界《よ》」「星の世界」

チャールズ・コンヴァースが作曲した賛美歌であり、もともとはジョゼフ・スクライヴィンの歌詞 “What a friend we have in Jesus” のために作曲された曲です。歌詞と曲の素晴らしさが評判となり、さまざまな賛美歌集に収録されてやがて全世界に広がりました。

日本では一般的にこの曲は文部省唱歌に採用されて歌詞がつけられ、知られるようになりました。まず1910年に杉谷代水《すぎたにだいすい》作詞による「星の界《よ》」として発表され、また戦後は川路柳《りゅう》虹《こう》の作詞による「星の世界」として教科書に掲載されました。「星の界」は文語で作られ、「星の世界」では口語となり、世代によって覚えた歌詞が異なります。いずれにしろ、学校での音楽の

唱 「星の界《よ》」

詞・杉谷代水　曲・コンヴァース

「星の世界」（口語歌詞）

詞・川路柳虹　曲・コンヴァース

1、かがやく夜空の　星の光よ
まばたくあまたの　遠い世界よ
ふけゆく秋の夜《よ》　すみわたる空
のぞめば不思議な　星の世界よ

2、きらめく光は　玉か黄金《こがね》か
宇宙の広さを　しみじみ思う
やさしい光に　まばたく星座
のぞめば不思議な　星の世界よ

授業を通して広く一般に知られるようになりました。

1931年版『讃美歌』ではこのコンヴァースの曲に前掲の「母ぎみにまさる」とスクライヴィンの歌詞の訳である「いつくしみ深き」（539番）の2つの歌詞がついて収録されています。しかし1954年版『讃美歌』からは「母ぎみにまさる」は削除され、愛唱されるのは「いつくしみ深き」のみとなり、これが他の賛美歌集にも採用されて広く愛唱されるようになりました。

なお、1890年発行の『新撰《しんせん》讃美歌』では、「たえにとうとしや、わが友耶蘇《イエス》よ。祈れば罪をも、取り去りたもう。やわらぎ失い、痛めるときも、あわれみのみ声、われをいたわる」（1節）の歌詞です。『讃美歌21』では歌い出しが「いつくしみ深い」となりました。

4. 「朝日は昇りて」賛 & 「蛍の光」唱

別れの定番曲はクリスマスの賛美歌

賛 **「朝日は昇りて」**

1890（明治23）年版『新撰讃美歌』63番

詞・奥野昌綱　曲・スコットランド民謡

スペースの関係で左ページに掲載できませんでしたが、
４番の歌詞は下記のとおり。

４、救いをたもう者　世に生まれぬ
　　高きも低きも　来り祝え
　　天地（あめつち）のあるじ　世に現る
　　よろずのものみな　うごき歌え

一、
朝日は昇りて　世を照らせり
暗きに住む人　来《きた》りあおげ
知恵に富める者　世にいでたり
愚かなる人は　来り学べ

二、
力のある者　世に臨《のぞ》めり
弱きその人は　来り頼め
平安《やすき》をたもう者　世にくだれり
苦しめる人は　来り受けよ

三、
慰めたもう者　世に生《あれ》ます
憂いある人は　来り告げよ
生命《いのち》をたもう者　世に来れり
罪に死ぬる人　来り生きよ

「朝日は昇りて」&「蛍の光」

「蛍の光」の原曲"Auld lang syne"（「久しき昔」の意）はスコットランド民謡です。

明治時代の初期にこの曲が日本に紹介され、1881年発行の『小学唱歌集　初編』（文部省音楽取調掛編纂《へんさん》）に、ほぼ現在の「蛍の光」と同じ歌詞が付けられて、「蛍」のタイトルで収録されました。以後、卒業式や送別時の定番曲として今日まで広く親しまれています。

一方、賛美歌の歌詞「朝日は昇りて」の作者は奥野昌綱だと言われます。奥野は江戸幕府の下級武士の家に生まれ、仕えた輪王寺宮が朝敵となるなど、幕末の動乱に巻き込まれました。明治維新後はヘボン式ローマ字で有名なJ・C・ヘボン宣教師の助手となったことがきっかけでキリスト教に接しました。そし

「蛍の光」

一、ほたるのひかり　まどのゆき
書《ふみ》よむつき日　かさねつつ
いつしか年も　すぎのとを
あけてぞ　けさは　わかれゆく

二、とまるもゆくも　かぎりとて
かたみにおもう　ちよろずの
こころのはしを　ひとことに
さきくとばかり　うたうなり

てプロテスタントの日本人クリスチャンとしては27人目の信者、また2人目の日本人牧師となりました。

この賛美歌詞が創作されたのは1868年と言われ、日本基督一致教会発行の『讃美歌』（1881年）を皮切りに、さまざまな曲に載せて歌われてきましたが、奥野が編纂した1890年発行の『新撰《しんせん》讃美歌』では「蛍の光」の曲が付けられていました。ちなみに、現在使用中の1954年版の『讃美歌』（97番）『讃美歌21』（268番）では、同じ歌詞が別の曲で歌われます。

歌詞の内容はクリスマスを歌ったもので、神の子イエス・キリストの誕生によってもたらされた光、知恵、力、平安、慰め、生命が順々に歌われ、最後は再び救い主であるイエス・キリストの来臨を賛美するという、非常に力強い内容です。

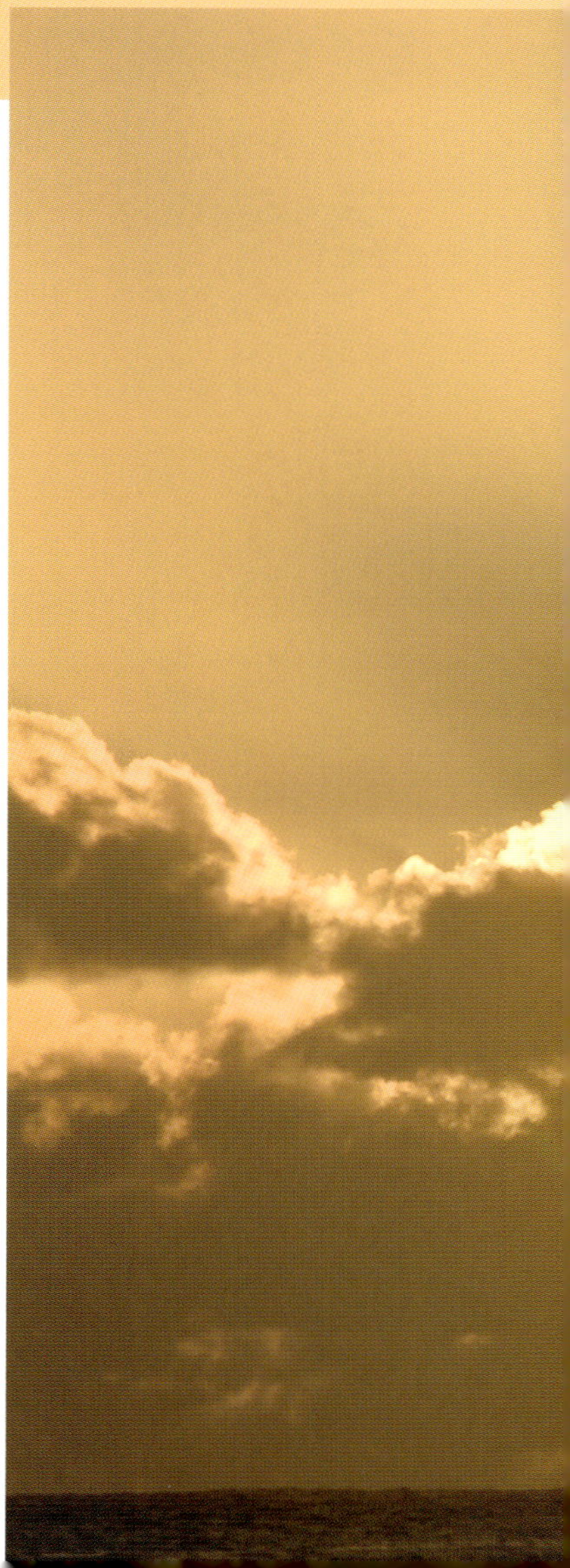

唱 「蛍の光」

詞・稲垣千穎　曲・スコットランド民謡

現在は歌われない3番、4番

3、つくしのきわみ　みちのおく
うみやまとおく　へだつとも
そのまごころは　へだてなく
ひとつにつくせ　くにのため

4、千島のおくも　沖縄も
やしまのうちの　まもりなり
いたらんくにに　いさおしく
つとめよわがせ　つつがなく

5. 「イエスよ心に宿りて」賛 & 「庭の千草《ちぐさ》」唱

共に原曲が The Last Rose of Summer の名曲

賛 「イエスよ心に宿りて」

1876（明治9）年版『宇太登不止』の歌詞を当てはめた試案

詞・James Nicholson　曲・アイルランド民謡

残されているのは歌詞だけで楽譜がないため、上記は「庭の千草」の原曲 “The Last Rose of Summer” の楽譜に歌詞を当てはめた試案です。

一、イエスよ、こころにやどりて
われをみやとなしたまえ
けがれにそみしこのみを
ゆきのごとくしろくせよ
（くりかえし）
われのつみをみなきよめ
ゆきのごとくしろくせよ

二、われらのためにとイエスは
にくをさきちをながせば
われらはイエスにぞまかせん
みもたましいもみなささげん
（くりかえし）

三、われらはいまぞひたすらに
おおまえにふしてねがうなり
われらのあしきこころを
いまきよらかにしたまえよ
（くりかえし）

四、ふかきめぐみのちしおに
きよめらるるぞうれしき
いのりにこたうわがかみよ
みなをあがめさせたまえ
（くりかえし）

「庭の千草《ちぐさ》」

一、庭の千草も　むしのねも
枯れてさびしく　なりにけり
ああ　しらぎく　嗚呼《ああ》　白菊
ひとりおくれて　さきにけり

二、露にたわむや　菊の花
しもにおごるや　きくの花
ああ　あわれあわれ　ああ　白菊
人のみさおも　かくてこそ

「庭の千草《ちぐさ》」

詞・里見義　曲・アイルランド民謡

「イエスよ心に宿りて」＆「庭の千草《ちぐさ》」

「庭の千草」の原曲はアイルランド民謡の“The Last Rose of Summer”です。日本では唱歌として有名なこの曲はまず、1876年に編纂《へんさん》されたバプテスト派の賛美歌集『宇太登不止《うたとふし》（「歌と節」）』の75番「イエスよ心に宿りて」の曲として採用されました。ただし賛美歌集にあるのは歌詞のみです。

実際にこの歌詞を“The Last Rose of Summer”で歌ってみると、極めて歌いにくい曲です。賛美歌集編集者のネイサン・ブラウン宣教師がこの曲が好きで、無理に使った可能性があります。ブラウン宣教師はまた、日本で最初に新約聖書を仮名文字で訳し刊行した人物としても知られています。なお、22ページの楽譜は、「庭の千草」の歌詞と賛美歌の歌詞を併記した試案です。

この賛美歌集発行から8年後、“The Last Rose of Summer”は『小学唱歌集第三編』に「菊」という題名で収録され、後に「庭の千草」と改題されて広く歌われるようになりました。

原曲の歌詞は、夏の最後に残ったバラ一輪に、愛する人を亡くした悲しみを重ねて歌ったものです。一方賛美歌は、米国のフィラデルフィアの郵便局員ジェイムズ・ニコルソンの作詞で、ダビデの悔い改めの詩編として有名な詩編51編を題材にして自らの罪の悔い改めを歌ったものです。「庭の千草」の曲が賛美歌として用いられたのは短い期間ですが、貴重な事実です。

6.「主よみ手もて」賛 &「秋の夜《よ》半《わ》」唱

原曲はウェーバー「魔弾の射手」序曲より

賛「主よみ手もて」
1954（昭和29）年版『讃美歌』285番
詞・Horatius Bonar　詞・Carl Maria F. E. von Weber

３番、４番の歌詞は下記のとおり。

3、主よ、飲むべき　わがさかずき
えらびとりて　さずけたまえ
よろこびをも　かなしみをも
みたしたもう　ままにぞ受けん

4、この世を主に　ささげまつり
かみのくにと　なすためには
せめもはじも　死もほろびも
何かはあらん　主にまかせて

一、主よ、み手もて　ひかせたまえ
ただわが主の　道をあゆまん
いかに暗く　けわしくとも
みむねならば　われいとわじ

二、ちからたのみ　知恵にまかせ
われと道を　えらびとらじ
ゆくてはただ　主のまにまに
ゆだねまつり　正しくゆかん

「主よみ手もて」&「秋の夜半《よわ》」

作曲者はドイツ・ロマン派のウェーバーです。彼のオペラである「魔弾の射手」の序曲から編曲されたものです。日本人に広く愛唱された曲で、賛美歌ばかりではなく唱歌としてもさまざまな歌詞が付けられています。中でも有名なのがここに掲載した歌人・国文学者である佐佐木信綱作詞の「秋の夜半《よわ》」です。1910年、『中学唱歌第三巻、女学唱歌・巻の二』に収録されました。雁《かり》は渡り鳥として秋に北海道や東北地方に飛来して越冬します。その姿に、故郷を遠く離れて一人学ぶ我が身を重ねています。

一方、賛美歌（26ページ）はホレイシャス・ボナーの作詞。彼は19世紀にスコットランドの教会を改革した人で、著名な賛美歌作者です。原詞 "Thy Way, not mine, O Lord" の歌詞を直訳すると「主よ、私が選ぶ道ではなく、あなたの道を選ばせてください。いかにそれが暗くとも。あなたのみ手によって、私を導き、私が進むべき道を選んでください」（1節）、「私の病も健康も、自分自身に対する配慮も、私の貧しさも富も、あなたが選んでください」（6節）と、神への信頼を歌います。

実は、賛美歌もさまざまな訳詞で歌われており、1895年版『改正増補基督教聖歌集』では、「わが主イェスよ　主のまにまに。わがこの身も　たまもまかせん。悲しむまも　喜ぶまも　主のみむねと　悟らまほし」と歌います。

唱 「秋の夜半《よわ》」
詞・佐佐木信綱　曲・ウェーバー

あきのー よわーの みそらー すみて
つきのー ひかりきー よーくしーろ くー
かりのー むれーの ちかくー 来るよ
ひとつー ふたついー つつなな つ

「秋の夜半《よわ》」

一、秋の夜半の　み空澄みて
月の光　清く白く
雁《かり》の群の　近く来るよ
一つ二つ　五つ七つ

二、家をはなれ　国を出でて
ひとり遠く　学ぶわが身
親を思う　思いしげし
雁の声に　月の影に

7.「世には良き友も」賛 &「主人《あるじ》は冷たい土の中に」唱

原曲がフォスターの名曲 Massa's In The Cold Ground

賛「世には良き友も」『新聖歌』426番
詞・Joseph C. Ludgate　曲・Stephen C. Foster

世 にはよきと も も　か ず あ れ　ど
つ みびとのか し ら　わ れ さ え　も
キ リ ストにま さ る　よきともはな　し
「と も」とよびた も う　あいのふかさ　よ！
（くりかえし）
ああ　わ が　た　め　い の ち を　も
す　てまししと　も　は　主なるきみの　み

一、世には良き友も　数《かず》あれど
キリストに勝《まさ》る　良き友はなし
罪人《つみびと》の頭《かしら》　われさえも
「友」と呼び給《たも》う　愛の深さよ！
（くりかえし）
　ああ　わがため　いのちをも
　捨てましし友は　主なる君のみ

二、世の中の友は　冷《ひ》えてゆき
暖《あたた》かき言葉　いつか消《き》ゆとも
変わらぬ愛もて　主はわれに
喜びを与え　常《つね》に育《はぐく》む
（くりかえし）

三、試《こころ》みの時も　病《や》む日にも
死ぬる間際《まぎわ》にも　そばに在《い》まして
力ある腕《うで》を　われに伸《の》べ
優《やさ》しく宣《のた》もう「いと安《やす》かれ」と
（くりかえし）

唱「主人《あるじ》は冷たい土の中に」　詞・勝承夫　曲・フォスター

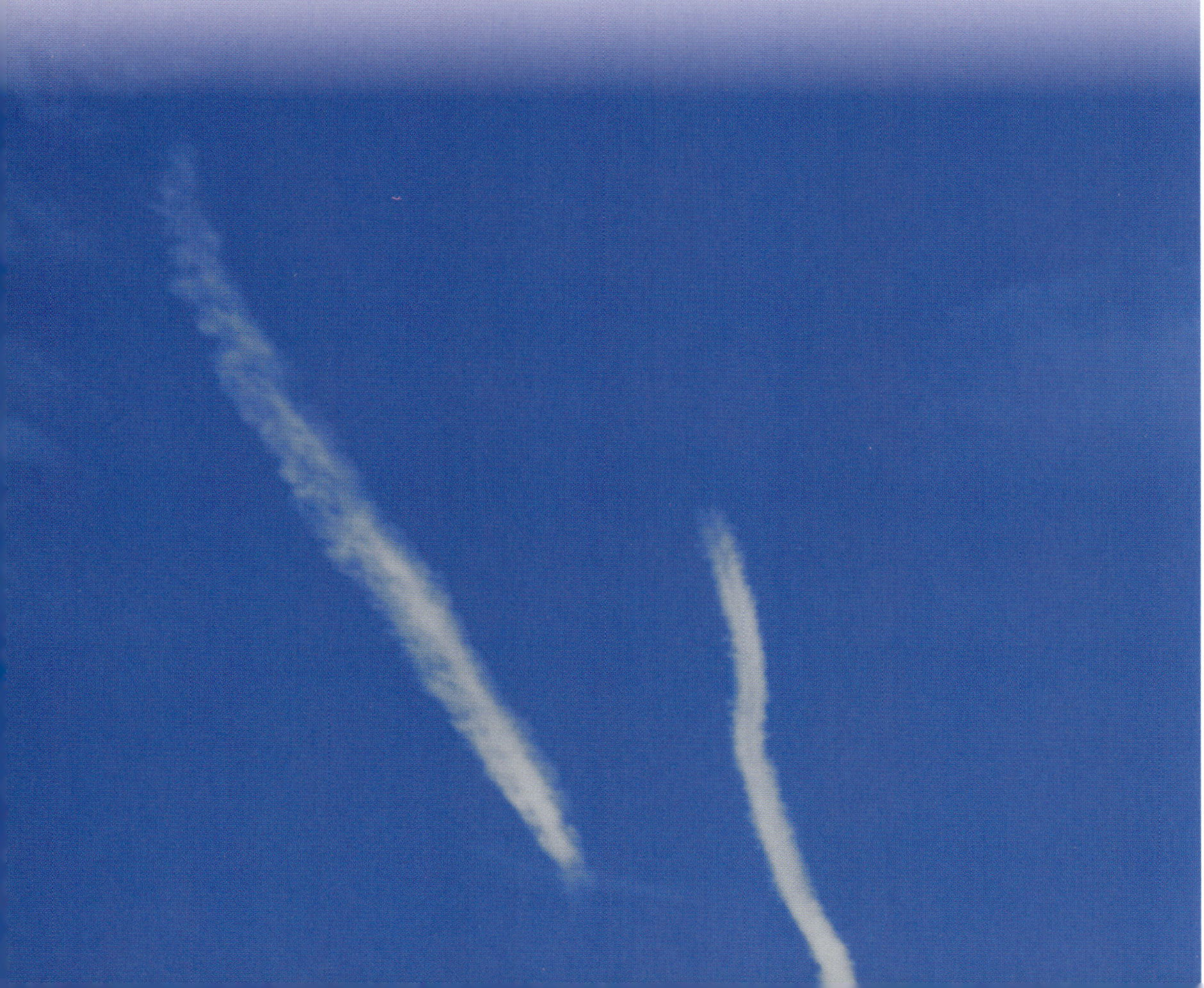

「世には良き友も」&「主人《あるじ》は冷たい土の中に」

19世紀当時の流行歌であったフォスターの作品は、生前から替え歌のようにして賛美歌として用いられたそうです。賛美歌作者からは眉をひそめられたといいますが、根底に流れる宗教性が大衆の心を捉えたのでしょう。

彼の代表作「おおスザンナ」「故郷の人々（スワニー川）」（12ページ）、「主人は冷たい土の中に」はいずれも人々に愛された曲ですが、フォスター個人の人生は必ずしも恵まれていませんでした。亡くなったのも37歳という若さです。しかし郷愁を誘う彼の曲は人々の心に残り、今では「アメリカ民謡の父」とまで言われます。「主人は冷たい土の中に」の原曲歌詞には黒人英語が使われており、時に差別的と批判されますが、逆に、聞く者にしみじみとした人間愛が迫ってきます。

他方、『新聖歌』の「世には良き友も」の歌詞は1898年に刊行された救世軍の歌集 The Young Soldier に載っています。こちらは中田羽後《うご》（36ページ）の名訳詞が今も愛唱されています。

「主人《あるじ》は冷たい土の中に」

一、思い出さそうよ　吹く風も
帰らぬ主《あるじ》の　あと追うように
今もなお　目に浮かぶ
姿よ眠れよ　大地は静か

二、小鳥はさえずり　野はみのり
寂しく春秋《はるあき》　いつしか過ぎて
今もなお　目に浮かぶ
姿よ夕べに　はるかにしのぶ

8.

「神の御子《みこ》にますイエス」賛 &「アニー・ローリー」唱

かなわぬ恋の歌が神の愛を歌う賛美歌に

賛 「神の御《み》子《こ》にますイエス」

『新聖歌』397番

詞・Lewis Hartsough　曲・スコットランド民謡

一、神の御子《みこ》にます　イエスのために
罪を敵として　立つは誰《たれ》ぞ
（くりかえし）
すべてを捨てて
従いまつらん　わがすべてにます
王なる主イエスよ

二、富の楽しみと　地の位《くらい》に
目もくれずイエスに
つくは誰ぞ
（くりかえし）

三、罪に捕《と》らわれし魂《たましい》をば
イエスに連れ来《きた》る
勇士《ゆうし》は誰ぞ
（くりかえし）

四、わが持てるものは
主よ汝《な》がもの
きよき御戦《みいくさ》に　用《もち》い給え
（くりかえし）

「神の御子《みこ》にますイエス」＆「アニー・ローリー」

「アニー・ローリー」の曲を用いた英語賛美歌の歌詞は“Oh, who'll stand up for Jesuse”です。これを「神の御子にますイエス」として日本語に訳したのは中田羽後《うご》です。

羽後の父は日本におけるキリスト教の信仰復興運動（ホーリネス運動）に大きな足跡を残した中田重治。巨大、かつ厳格だったその父との確執が羽後の生涯にさまざまな影を落とし、一時は親子関係が義絶したといいます。羽後は聖歌の編纂《へんさん》に生涯を捧げ、この曲を始め数々の名作を残しました。またヘンデルのメサイアの演奏にも戦前から意欲的に取り組んでいます。それは、アメリカ留学中にシカゴの教会で父と聴いたメサイアの感動があったからだといわれます。

日本でもよく知られている「アニー・ローリー」ですが、アニー・ローリーとは17世紀に実在した女性の名前です。詞を書いたのは彼女を愛するウイリアム・ダグラスで、残念なことに家同士の対立によって彼の恋はかないませんでした。その切ない思いをつづったものといいます。日本語訳詞が多くあり、代表的な堀内敬三のものを掲載しました。

唱「アニー・ローリー」

詞・堀内敬三　曲・John Douglas Scott

「アニー・ローリー」

一、あした露おく　野の静寂《しじま》に
いとしアニー・ローリー　君と語りぬ
とこしえまで　心かえじ
誓いしアニー・ローリー　わがいのちよ

二、愛にかがやく　君がまなざし
まことこめたる　君がささやき
とこしえまで　とこしえまで
忘れじアニー・ローリー　わがいのちよ

9.「くすしきみ恵み」賛 &「アメイジング・グレイス」

奴隷商人だったニュートンの回心を歌う、世界的に有名な賛美歌

賛「くすしきみ恵み」

『讃美歌21』451番

詞・John Newton　曲・Virginia Harmony

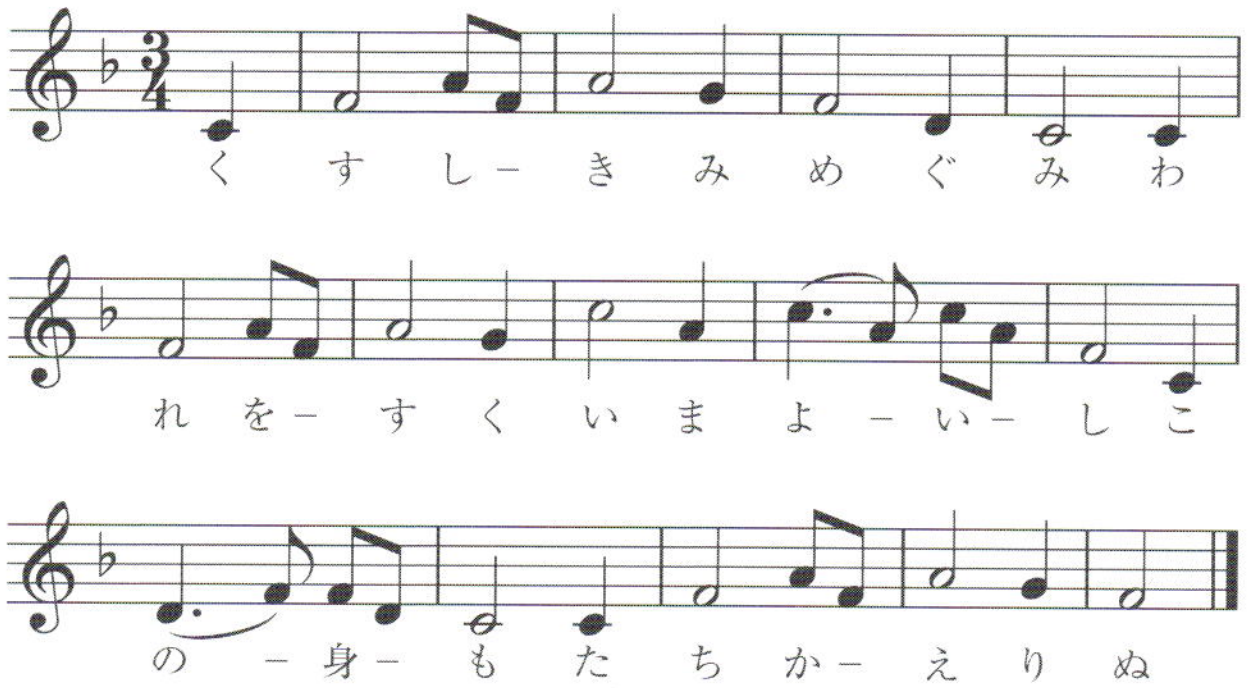

「AMAZING GRACE」（アメイジング・グレイス）

詞・John Newton　曲・Virginia Harmony

1　Amazing grace, how sweet the sound
that saved a wretch like me !
I once was lost, but now am found,
was blind, but now I see.

2　’Twas grace that taught my heart to fear,
and grace my fears relieved.
How precious did that grace appear,
the hour I first believed !

3　Through many dangers, toils, and snares,
I have already come.
’Tis grace has brought me safe thus far,
and grace will lead me home.

4　The Lord has promised good to me,
his word my hope secures.
He will my shield and portion be,
as long as life endures.
（5番は省略）

一、くすしきみ恵みわれを救い
迷いしこの身も立ち帰りぬ
二、恐れを信仰に変えたまいし
わが主のみ恵み尊きかな
三、思えば過ぎにしすべての日々
苦しみ悩みもまたみ恵み
四、わが主のみ誓い永遠《とわ》にかたし
主こそはわが盾つきぬ望み
五、この身は衰え　世を去るとき
喜びあふるるみ国に生きん

「くすしきみ恵み」&「アメイジング・グレイス」

世界一愛されている賛美歌です。1節の歌詞を直訳すると「驚くべき恵み、何と胸をときめかせる言葉か。私のような無頼漢をさえ救いたもうとは！　私はかつて失われていたのですが、今や神に見いだされ、かつて目が見えなかったのですが、今や見ることができます」です。

作詞者ジョン・ニュートンは奴隷商人から牧師になった人です。歌詞に込められているのは奴隷商人であったことの悔いとそんな彼を救った神の愛に対する感謝です。放蕩《ほうとう》な生活を送っていたニュートンが回心したのは1748年のこと。航海中に遭遇した激しい嵐の中で起こったと言われます。「かつて神を信ぜず、放蕩三昧に身を崩した不《ふ》逞《てい》の輩《やから》、アフリカ奴隷のしもべであったが……救い主イエス・キリストの豊かな恵みによって守られ……」とは彼の告白です。

10.

「山路こえて」

日本人作詞の代表的賛美歌

「山路こえて」

1903（明治36）年版『讃美歌』409番

詞・西村清雄　曲・Aaron Chapin

愛媛県の松山市と宇和島市との交通は、今ではJRや自動車道の利用が可能ですが、鉄道が敷設されるまでは海路をとるか、山また山を行く峠越えしかありませんでした。

1903年2月、松山夜学校の校長であった西村清雄《すがお》は宇和島で伝道する宣教師ジャドソンの応援を終え、帰路につきました。法華津《ほけつ》峠を越え、鳥坂峠にかかるころには日がすっかり落ち、梢から漏れる星明かりで道をたどらざるを得ませんでした。その旅路の中で作られたのがこの詞です。現実の旅路を信仰の旅路に重ねた名歌詞です。

西村は伊予松山藩士の出身で16歳でカトリックに入信しましたが、その後プロテスタントに改宗。生涯、貧しい青年の集う夜学校の校長として教育に尽力しました。祖父清臣《きよおみ》は歌人として有名で、伯父の真棹《まさお》は、司馬遼太郎の『坂の上の雲』で有名になった秋山真之《さねゆき》や正岡子規の師です。現実の旅路と信仰の旅路の風景が見事に重なって歌う者の心を打つこの歌詞は、そのような素養の伝統から生まれたといえます。

曲の“GOLDEN HILL”は1895年刊行の『改正増補基督教聖歌集』に収録されていて、西村はこの歌集を通して“GOLDEN HILL”を愛唱するようになったと思われます。また1931年版『讃美歌』までは5番の歌詞は「祈《ね》ぎまつらじ」ですが、その後「われいのらじ」に変更されています。

一、山路こえて　ひとりゆけど
主の手にすがれる　身はやすけし

二、松のあらし　谷のながれ
みつかいの歌も　かくやありなん

三、峯の雪と　こころきよく
雲なきみ空と　むねは澄みぬ

四、みちけわしく　ゆくてとおし
こころざすかたに　いつか着くらん

五、されども主よ　ねぎまつらじ
旅路のおわりの　ちかかれとは

六、日もくれなば　石のまくら
かりねの夢にも　み国しのばん

一、主われを愛す　主は強ければ
われ弱くとも　恐れはあらじ
（くりかえし）
わが主イェス　わが主イェス
わが主イェス　われをあいす

二、わが罪のため　さかえをすてて
天《あめ》よりくだり　十字架につけり
（くりかえし）

三、みくにの門《かど》を　ひらきてわれを
招きたまえり　いさみて昇らん
（くりかえし）

四、わが君イェスよ　われをきよめて
よきはたらきを　なさしめたまえ
（くりかえし）

11.

「主われを愛す」

最初に和訳された賛美歌の1つ

「主われを愛す」
1903（明治36）年版『讃美歌』418番
詞・Anna B. Warner　曲・William B. Bradbury

今日も広く愛唱されている「主われを愛す」が最初に翻訳されたのは1872年のこと。キリシタン禁制の高札が撤去される前年の秋に開かれた在日宣教師会議の席ででした。最初の訳文は「エス　ワレヲ愛シマス、サウ聖書申シマス、彼レニ子供中、信スレハ属ス、ハイエス愛ス、ハイエス愛ス、ハイエス愛ス、サウ聖書申ス」です。訳者は女性宣教師のクロスビーと言われます。楽譜が付くのは賛美歌集『讃美歌 并《ならびに》 楽譜』（1882年）が最初です。その後「主われを愛す」に改訳されて現在まで歌い継がれています。

原詩の"Jesus loves me"の作者アンナ・ウォーナーはアメリカの裕福な家庭に育ちましたが、父が事業に失敗して生活が困窮。家計を助けるために作家となりました。しかしその後回心し、打ち続く苦難の中にも輝く神の愛を示して"Jesus loves me"を発表したと言われます。1862年、この歌詞に感動したウィリアム・ブラッドベリーが曲を付け、当時のアメリカでは大変有名な賛美歌となりました。日本に紹介されたのはそれから間もなくのことです。

安田寛氏の『「唱歌」という奇跡十二の物語』（文春新書）によると、日本のプロテスタントの源流の1つである熊本バンドを導いた退役陸軍大尉L・L・ジェーンズはアンナの婚約者だったとのこと。1876年、熊本バンドのメンバーが熊本城外の花岡山で「奉教趣意書」に署名してキリスト教の宣教を誓った際には、皆で声高らかにこの歌を歌ったそうです。

12.

「ゆうぐれしずかに」

島崎藤村に影響を与えた賛美歌

「ゆうぐれしずかに」
1890（明治23）年版『新撰讃美歌』4番
詞・Phoebe H. Brown　曲・Alonzo J. Abbey

島崎藤村が1897年に刊行した詩集『若菜集』に収められている「逃げ水」。「ゆふぐれしづかに　ゆめみんとて／よのわづらひより　しばしのがる。きみよりほかには　しるものなき／花かげにゆきて　こひを泣きぬ。すぎこしゆめぢを　おもひみるに／こひこそつみなれ　つみこそこひ。（中略）なつかしき君とてをたづさへ／くらき冥府《よみ》までも　かけりゆかん」は、恋の喜びと苦しみを歌った名作です。

この詩に影響を与えたのが『新撰《しんせん》讃美歌』の「ゆうぐれしずかに」（1954年版『讃美歌』では319番「わずらわしき世を」。歌詞が一部改訂されています）。対照してみると、骨格が同じであることがわかります。この歌詞は明治・大正期に日本のキリスト教界の指導者であった植村正久が恩師サムエル・ブラウン宣教師の母フィーベの作品“I love to steal awhile away”を訳したものです。

大工の夫と子どもたち、病気の妹を抱えて貧しかったフィーベには静かに祈る場所すらなく、近くの邸宅の果樹園が祈りの場所でした。ところが、それを邸宅の人に見とがめられ、あらぬ誹謗《ひぼう》中傷を受けます。それに対する弁明として書かれたのがこの詩です。

島崎藤村は16歳のときに台町教会（現在の高輪《たかなわ》教会）で洗礼を受けていますが、のちに植村の番町《ばんちょう》教会（現在の富士見町教会）に移りました。そのころこの賛美歌に親しんだと思われます。『若菜集』は日本近代詩の記念碑的な作品。それに影響を与えた賛美歌として特筆されます。

一、ゆうぐれしずかに　いのりせんとて
よのわずらいより　しばしのがる

二、かみよりほかには　きくものなき
木かげにひれふし　つみをくいぬ

三、すぎこしめぐみを　おもいつづけ
いよよゆくすえの　さちをぞねがう

四、うれいもなやみも　わがみかみに
まかすることをぞ　よろこびとせん

五、身にしみわたれる　ゆうぐれどきの
えならぬけしきを　いかでわすれん

六、このよのつとめの　おわらんその日
いまわのときにも　かくてあらなん

一、思えばむかしイエスきみ
おさなごをあつめ
みもとにあそばせたまいし
そのときぞこいしき
来よと呼びまししきみの
みかおしたわしや
わが身も御手にいだかれて
かしらなでられたや

二、きみはいまもみそらにて
子らを召したもう
いでいでみもとにゆかばや
なつかしきみもとに
すくわれし子らのいえは
みくににそなわり
おおくのおさなごつどいて
君とともにあそぶ

13.

「思えばむかしイェスきみ」

愛する人を思う歌が賛美歌に

「思えばむかしイェスきみ」
1931（昭和6）年版『讃美歌』466番
詞・Jemima T. Luke　曲・William Davenant

お－もえばむかしイェスきみお－さなごをあつめ－
みもとにあそばせたまいしそのときぞこいしき－
来－よとよびましきみのみ－かおしたわしや－
わが身もみ手にいだかれてかしらなでられたや－

英語の歌詞の“I think when I read that sweet story of old”を書いたJ・T・ルークは、イギリスの会衆派教会牧師の妻。1841年に小学生たちに賛美歌を教えていたとき、この歌ができたそうです。やがて、その慈愛にあふれた歌詞は評判となり、子ども賛美歌集に収録されて世界に広まりました。

一方、曲はダヴィナントの作と言われていますが、その美しい旋律が人々に愛されてトーマス・ムーア作詞の「春の日は花と輝く」という愛の歌に付されました。ムーアは32歳のときにこの上もなく美しい17歳の女優エリザベス・ダイクと結婚しました。ところが彼女は病気にかかり、美貌が失われて生きる気力がなくなり、自分の部屋に閉じこもってしまいました。その時ムーアは変わらぬ愛を誓う詞を書いたのです。「信じてください。あなたの若い魅力が、今日私が見つめているその美しさが明日は変わり……色褪《あ》せても、あなたは今とまったくおなじように、私の愛慕のまとなのです」と。彼はこの詞をエリザベスの部屋の扉の前で語りました。それを聞いたエリザベスは生きる勇気を取り戻したそうです。この詞に付けられたダヴィナントの曲がやがてルークの詞に付けられ、夫婦の愛を歌う曲が神の愛を歌う曲へと昇華したのです。

1931年版『讃美歌』ではルークの歌詞に2つの曲（うち1つは、ダヴィナントの曲）が付けられていますが、1954年版『讃美歌』（467番）ではダヴィナントの曲のみが残りました。

14

「きよしこの夜」

世界中で愛され続ける定番曲

「きよしこの夜」

1909（明治42）年『讃美歌　第二編』65番乙

詞・Josef Mohr　曲・Franz Gruber

現在一般的に歌われている「きよしこの夜」とは楽譜が若干異なります。その点も興味深い作品です。

作詞者ヨゼフ・モールがオーストリアのザルツブルク近郊にあるオーベルンドルフ村の教会の助祭だった1818年のクリスマスでのこと、教会のオルガンが故障しました。オルガニストだったフランツ・グルーバーはヨゼフに賛美歌の作詞を依頼し、自身がその詞に曲をつけ、1日にして「きよしこの夜」を作りました。

以上が「きよしこの夜」誕生にまつわる定説です。しかし近年、賛美歌研究家の川端純四郎氏の調査により、実際にヨゼフがこの歌詞を作ったのは1816年で、マリアプファルという別の村の教会だったことがわかりました。とはいえ、曲がついて歌われたのはやはりオーベルンドルフが最初だったということです。

ヨゼフの母は貧しい裁縫師で、彼女が産んだ4人の子どもたちは全員父親が違いました。そのような境遇の中でもヨゼフは聖職者を志し、聖歌隊活動にも加わって音楽的素養を磨いたのでした。

原詞は6節まであり、最後の節には「静かな夜！聖なる夜！　神は長きにわたって私たちを心にかけ、その怒りから私たちをときはなち、世界のすべての民を保護し、いたわると約束された」とあり、ナポレオン戦争（1803〜15年）によって疲弊した社会に神の平和の到来を歌ったのでした。

オーベルンドルフの教会堂は今では「きよしこの夜礼拝堂」と呼ばれ、クリスマスには世界中から多くの人が集って「きよしこの夜」を歌います。

一、きよしこの夜　ひかり照りきぬ
イエスは来ませり　み子は来ませり
いわえ主を　うたえ主を

二、きよしこの夜　星よみちびけ
イエスのみもとに　ゆきてぞおがまん
いわえ主を　うたえ主を

三、きよしこの夜　み子は来ませり
あまつつかいと　ともにぞたたえん
いわえ主を　うたえ主を

一、まぼろしの影を追いて
うき世にさまよい
うつろう花にあこがるる
汝《な》が身のはかなさ

（くりかえし）

春は軒の雨　秋は庭の露
母は涙乾くまなく　祈ると知らずや

二、おさなくて罪を知らず
胸に枕して
むずかりては手に揺られし
昔忘れしか

（くりかえし）

三、心を千々《ちぢ》にくだきて
祈りけるかいの
まことありけりと母をば
とくよろこばせよ

（くりかえし）

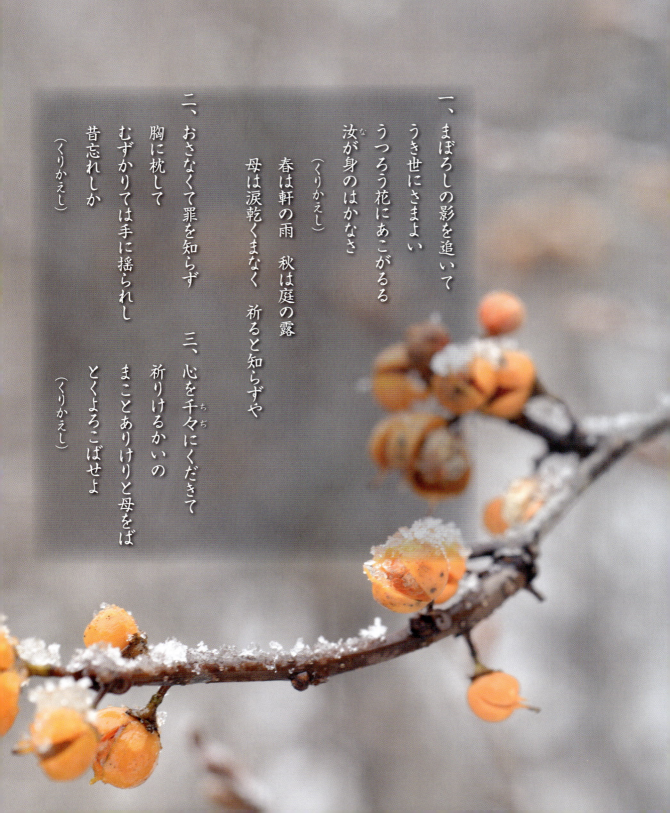

15.「まぼろしの影を追いて」

わが子のために祈る親の思いを代弁

「まぼろしの影を追いて」

1903（明治36）年版『讃美歌』449番

詞・Carrie E. E. Breck　曲・H. L. Gilmour

原曲が作られたのは19世紀のアメリカ。そのアメリカの代表的な賛美歌集からは比較的早くに姿を消した作品です。しかし日本では詞が多くの人の心の琴線に触れたせいか、長く愛唱されてきました。

たとえば詩人・阪田寛夫《ひろお》はその著書の中で、随筆家・青木玉の母・文（幸田露伴の娘）がよくこの歌を歌っていたと紹介し、小説家・安岡章太郎も母・恒の愛唱歌として言及しています。神から離れ、さまよう子どものために「春も秋も涙と共に祈っています」と語り、「だから早く神さまの元に戻って来て」と祈る母の姿が、日本人の理想的な母親像と合致したか、また思い出の中の自分の母の姿と重なったのでしょうか。

作詞者はC・E・E・ブレック。2000以上の賛美歌の歌詞を書いた女性で、ほかにも『新聖歌』111番「生くる甲斐もなしと」、同515番「わが罪のために」などがあります。5人の娘がおり、家事をしつつ、また子どもをあやしつつ神の愛を賛美した経験が歌詞となったのでしょう。

他方、作曲者のH・L・ギルモアはアイルランド移民。南北戦争のときに北軍兵士として戦って捕虜となり、収容所で3カ月を過ごしました。戦後は大学を卒業して歯科医となり、その働きの傍ら、キャンプミーティングと呼ばれるキリスト教の野外伝道集会の聖歌隊指導者となって、この曲を始め多数の賛美歌を作曲しました。なお、3番は歌詞が難しく歌いにくいせいか、その後の『讃美歌』では省かれました。

一、わがたましいの　したいまつる
イエスきみのうるわしさよ
嶺の桜か　谷の百合か
何になぞらえてうたわん
なやめるときの　わがなぐさめ
さびしき日のわがとも
（くりかえし）
きみは谷の百合　嶺の桜
現世《うつしよ》にたぐいもなし

二、身のわずらいも　世のうれいも
われとともにわかちつつ
いざなう者の　ふかきたくみ
やぶりたもううれしさよ
人はすつれど　君はすてず
み恵みはいやまさらん
（くりかえし）

三、まごころをもて　よりすがらば
とこよに契《ちぎ》りはたえじ
みずにも火にも　おそれあらず
君こそかたき城なれ
あなわが君の　なつかしさよ
まみゆるひぞまたるる
（くりかえし）

「わがたましいの」
1931（昭和6）年版『讃美歌』531番
詞・Charles W. Fry　曲・Arranged by Joshua Gill

16.「わがたましいの」

苦悩を背負ってくださる主への賛歌

原曲“The Lily Of The Valley”は19世紀に活躍したアメリカ人作曲家W・S・ヘイスの作品のアレンジだと言われます。ヘイスは唱歌「いくとせふるさと来てみれば、咲く花鳴く鳥、そよぐ風」の歌詞で有名な「故郷の廃家《はいか》（My Dear Old Sunny Home）」の作曲者です。

作詞者のチャールズ・フライはイギリスの救世軍で最初に楽隊を作った人。建築業者でしたがコルネットを吹く才能があり、3人の息子たちとブラスバンドを組んで伝道に励んでいました。この作品は彼が偶然に聞いた米国民謡に感激して作られたと言われます。歌詞は旧約聖書の雅歌2章1節にある「わたしはシャロンのばら、野のゆり」を下地としていますが、1954年版『讃美歌』512番では3節が削られ、1節3行目の「嶺の桜か」は「あしたの星か」に改訂されました。雅歌に加え、新約聖書のヨハネの黙示録22章16節「わたしは……明けの明星である」のイメージが加えられたと言えます。

邦訳歌詞の特徴として、原詞にはない艶《つや》やかさが印象的です。たとえば、歌い出しの“I have found a friend in Jesus, He is everything to me”の訳詞の中にある「慕う」「麗しさ」は英語にはない味わいを伝えています。他方、2節で原詞が「主は私の全ての悲嘆を取り除き、全ての悲しみを負いたもう」と苦悩を全て負ってくださる主を直接的に告白しているのに対して、訳詞の「身のわずらいも、世のうれいも、われとともにわかちつつ」と、いささか感傷的です。

17.

「神ともにいまして」

キリスト教学校での送別の定番曲

「神ともにいまして」

1954（昭和29）年版『讃美歌』405番

詞・Jeremiah E. Rankin　曲・William G. Tomer

送別の定番曲です。教会の送別会、葬儀ではもちろんですが、特にキリスト教学校では卒業式の定番曲として長く親しまれてきました。

作詞者はジェルマイヤ・E・ランキン牧師。ワシントンの教会で牧師をしていたとき、英語のGood-byeという言葉が、God be with ye（神があなたがたと共にいてくださるように）が縮まってできた言葉であることに着想を得て、その意味をていねいに掘り下げながら作ったと言われています。

その後ランキン牧師はこの詞の曲を2人の作曲家に依頼。結果、アマチュア音楽家だったウィリアム・G・トマーのこの曲を採用しました。その後この賛美歌は人気を呼び、大規模な集会の閉会の歌として用いられるようになりました。しかし、特にくりかえし部分の曲調があまりにも情感的であるとの理由でアメリカの賛美歌集からは徐々に削られるようになったのです。

一方日本では根強い支持があり、別れの曲としては心に訴える力がある賛美歌として今なお多くの人に愛され、用いられています。

一、神ともにいまして　ゆく道をまもり
あめの御糧《みかて》もて　力を与えませ
（くりかえし）
また会う日まで　また会う日まで
神のまもり　汝《な》が身を離れざれ

二、荒れ野をゆくときも　あらし吹くときも
ゆくてをしめして　たえず導きませ
（くりかえし）

三、御門《みかど》に入《い》る日まで　いつくしみひろき
みつばさのかげに　たえずはぐくみませ
（くりかえし）

一、主よ　みもとに近づかん
のぼるみちは十字架に
ありともなど悲しむべき
主よ　みもとに近づかん

二、さすらうまに日は暮れ
石のうえのかりねの
夢にもなお天《あめ》を望み
主よ　みもとに近づかん

三、主のつかいはみ空に
かよう梯《はし》のうえより
招きぬれば、いざ登りて
主よ　みもとに近づかん

四、目覚めてのち枕《まくら》の
石を立ててめぐみを
いよよせつに称《たた》えつつぞ
主よ　みもとに近づかん

五、うつし世をば離れて
天《あま》がける日きたらば
いよよ近くみもとにゆき
主のみ顔を仰ぎみん

「主よみもとに」
1954（昭和29）年版『讃美歌』320番
詞・Sarah F. Adams　曲・Lowell Mason

18. 「主よみもとに」

神のみ許《もと》を慕い、天国を憧れる曲

旧約聖書の創世記28章にある「ヤコブの夢」を題材にした賛美歌です。故郷を追われて荒野を旅するヤコブが、石を枕に仮寝をしたその夢の中で、天と地をつなぐ階段とそこを昇り降りする天使たちを見たという故事です。

この賛美歌は、宮沢賢治の『銀河鉄道の夜』（初期原稿）に登場することが知られています。あるとき銀河鉄道に、船が氷山に激突して沈没して命を失った青年たちが乗り込んできます。その場面で歌われるのです。１９８５年公開のアニメ映画「銀河鉄道の夜」では、十字架と賛美歌が効果的に使われていました。

言うまでもなくそれは、１９１２年に実際に起こった豪華客船タイタニック号の沈没に題材をとったもので、１９９７年公開の映画「タイタニック」でも沈む船上で楽団員たちがこの賛美歌を演奏しています。実は楽団員が演奏したというエピソードは実際にあった話として当時の日本の新聞で紹介され、それを読んだ賢治が自分の作品に取り入れたと言われています。

英語歌詞 "Nearer, my God to Thee" の作者はセーラ・アダムスという作詞を愛する女性。１８４０年のある日教会の牧師が訪ねてきて、近く行う創世記28章の説教のことを話しました。それに着想を得て詞を作りました。後にアメリカのローエル・メーソンが曲をつけて有名になりました。

賛美歌には作者の人生が凝縮されている

解説　大塚野百合

アメイジング・グレイス

☞ p.38

この歌の作詞者ジョン・ニュートンの人生はとても波乱に富んだものでした。

彼は回心（39ページ）の2年後に、愛が実ってメアリー・カートレットと結婚することができました。彼女に対する愛は深く、「あなたの愛は全世界の富とも代えることはできない」と告げたそうですが、周囲の人々は、なぜ彼がそれほど彼女を愛するのか不思議に思ったそうです。なぜなら彼女はごく普通の女性で、とくにこれといった優れた点があるようには見えなかったからです。しかし彼は、彼女の中に自分だけが認める価値を発見していたのです。

他方、すでに回心を経験して放蕩《ほうとう》生活をやめていた彼ですが、奴隷船の船長は続けていました。というのも、奴隷制度を認めるその当時の社会的常識にとらわれていて自分の職業の非人間性に気付いていなかったからです。しかし次第に良心が目覚めて船長を辞め、１７５５年にリバプールの港の潮流観測員になりました。ほとんど教育を受けたことのないニュートンでしたが、優れた語学力を持っており、すでに船の中でラテン語、ギリシャ語、ヘブライ語、フランス語を学び、当時の名門大学の卒業生を負かすほどの学力を身に付けていたといいます。

やがてニュートンは、自分を罪から救ってくれた主イエスを伝えるために聖職者となって奉仕したいという激しい思いに駆られました。そしてその祈りが応えられてイギリス国教会の司祭となり、ケンブリッジ近くのオルニーの教会に赴任して実りのある司祭の働きに励みました。またその後ロンドンの教会の司祭となり、26年間勤めました。

他方、当時の有力政治家であったウィルバーフォースと協力して奴隷貿易廃絶運動にも取り組んでいます。奴隷船の船長という自らの過去を悔い改め、そのような自分に差し伸べられた神さまの救いを述べ伝えることに心を燃やすとともに、奴隷制度の廃止にも熱心に取り組んだのです。

1790年に最愛の妻が天国に召されました。彼女ががんにかかり、回復の見込みがないと思われたとき、彼は「主の約束は真実である」から必ず支えてくださる、と固く信じました。事実、彼は不思議な力に支えられて無事に妻を看取ることができました。

「アメイジング・グレイス」だけではなく、ニュートンが主イエスのみ名を賛美した賛美歌「イエス君の御名は」（1954年版『讃美歌』287番）は有名です。主イエスに対するあふれるほどの愛と信頼が歌われています。また『新聖歌』207番「御顔を見ぬとき」は、主イエスの御顔が見えないときの苦しさと、主がそばにおられるときの喜びを歌っています。牢獄にいても宮殿にいる心地がするというのです。

1807年にニュートンは亡くなりますが、その同じ年に大英帝国議会は領土内での奴隷制度廃止を決議しています。

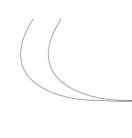

いつくしみ深き

☞ p.14

ジョゼフ・スクライヴィンが歌詞を書いた「いつくしみ深き」（1954年版『讃美歌』312番、『讃美歌21』493番）。この賛美歌もまた世界中で愛されているものの一つでしょう。

スクライヴィンは1816年にアイルランドで生まれ、名門大学を卒業し、結婚式を迎えることになったのですが、なんとその前日に婚約者が溺死してしまいます。心の傷を癒やすために25歳の彼はカナダのオンタリオ湖畔のポート・ホープの北の町に親しい友人と住んで、教師として働くようになりました。

他方、彼は自分の母校の先輩ジョン・ダービーが始めたプリマス・ブレズレン派と呼ばれるキリスト教の一派のメンバーでもありました。

その教派は支配階層に密着して庶民を忘れてしまっていた当時のイギリス国教会を離れ、貧しい人々に奉仕する教派で

した。スクライヴィンも、汚れた労働衣を着て貧しい人々のために奉仕を続けていました。

　そのような彼に再び春がめぐってきました。海軍大尉の娘エリザと愛しあい、婚約することができたのです。ところがその彼女も肺炎にかかり、1860年8月6日に23歳の若さで亡くなってしまったのです。

　人生で幾度も悲劇に見舞われたスクライヴィン。彼が作詞した「いつくしみ深き」は神の子イエス・キリストは私たちの良い友であり、私たちが苦しみにあっているときにその祈りを聞いてくださる方であるという、慰めに満ちたものです。

　その一節を私訳で紹介します。

「なんと素晴らしいことでしょうか。主イエスが私たちの友人であり、私たちの罪と悩みを負ってくださるとは！　祈りによってすべてのことを神に打ち明けることができるとは、なんという特権でしょうか！　しかし、なんとしばしば私たちは平安を受けそこない、無駄に心を痛めることでしょうか、すべてを神に打ち明ける祈りをしないゆえに」。

　人生の悲劇を経験したスクライヴィンだからこそ書けた賛美歌です。

アニー・ローリー

☞ p.34

　名曲アニー・ローリーを用いた『新聖歌』397番「神の御子にますイエス」の歌詞を書いたルイズ・ハートスーは、1827年にニューヨークのイサカで生まれました。彼はメソジスト派というプロテスタント教会に属していた熱心な伝道者で、心に訴える賛美歌の歌詞と曲を多く書きました。

　1871年のこと、彼が牧師をしていたアイオア州のエプワースの町の教会にリバイバル（信仰復興）が起こりました。そのとき彼は深い感動を味わいました。そのとき歌詞と曲を書いたのが『新聖歌』45番、1954年版『讃美歌』515番の「十字架の血にきよめぬれば」です。この歌は世界的に有名になりました。

彼が本書で紹介する「神の御子にますイエス」をいつごろ、どのような状況で書いたかは実はよくわかっていません。おそらく前述した1871年のリバイバルが起こったときではないかと思います。

　日本語訳の2節は「富の楽しみと地の位に、目もくれずイエスにつくは誰ぞ」ですが、原歌の4節は次のように書かれています。「私のすべてをキリストに捧げた。私の才能、時間、声、私自身、私の評判を。私は孤独な道を選んだ」。

　この歌の初行は“O who'll stand up for Jesus”で、主イエスに従う者の生き方を問うています。ところで5節で彼は次のように述べています。「イエス、イエス、イエス、イエスよ、私を満ちたらわせてくれる友よ！　来て私を抱きしめてください。私の人生の旅路の終わりまで」。

O Jesus, Jesus, Jesus, Jesus,
My all-sufficient Friend!
Come, fold me to Thy bosom
E'en to the journey's end.

　この歌の作者の、主イエスに対する熱愛があふれている歌です。そしてこのような内容の賛美歌を歌っていたある人が、アニー・ローリーの曲をこの歌に使ってみよう、と気づいたのではないでしょうか。そのとき、美しい娘に向けられた愛の曲が、愛する主イエスを賛美する曲になったのです。

フォスターと賛美歌

☞ p.10
☞ p.30

　スティーヴン・フォスターの名曲「故郷の人々」「主人《あるじ》は冷たい土の中に」や「オールド・ブラック・ジョー」を聞いていると、それらの調べが不思議なほど深く魂に響きます。そして感動の涙がにじむのです。10ページで紹介した「花よりも愛《め》でにし」は古い賛美歌ですが、これらフォスターの曲は現在でも『新聖歌』359番「罪深きこの身を」、426番「世には良き友も」や424番「この身を虜《とりこ》にせし」に用いられています。

　彼の曲の不思議な魅力の秘密を探ってみたいと思い、津川主一著『フォスターの生涯』（音楽之友社。絶版）を手に取りました。それによると、彼の兄モリソンは、フォスターが隣人に対して深い愛情を持つ人間であったと述べています。

「彼はいつも身分の低い者、貧しい者に心をひかれていた。ある吹雪の夜一人の少女が遣いに出され、荷馬車に轢《ひ》かれて死んでしまった。スティーヴンは正装して夜会に出かけるところであったが、彼はすぐその少女の家へと出かけた。父親は貧しい職人であったが、日ごろ彼が尊敬していた近所の人であった。彼は夜会のことなど忘れて、一晩中、死んだ子どもと途方にくれている両親のそばにいて、できるだけの慰めを与えようと努めたのであった」(同書)。

そのような彼は音楽の才能があり、２歳の時ギターを弾き、10歳の時フルートを吹きました。その調べは霊感に満ちて哀愁を含む響きだったので、周囲の大人たちを驚かせたそうです。一人の音楽の天才が、苦しんでいる人々に深い愛情を持っていた――それこそが彼の曲の魅力の秘密ではないでしょうか。

やがて彼はその音楽の才能を認められて世に出ます。運輸代理店で経理を担当していた20歳の時、彼が発表した「おおスザンナ」が大評判になったのです。そのため彼は音楽一筋に生きることにしました。そして次々と名曲を生み出すようになったのです。私生活でも24歳で結婚し翌年娘が生まれました。

ところが彼のその後の人生は順風満帆とは言えないものでした。29歳の１８５５年に父母と兄のダニングが死去しました。また１８６１年に始まった南北戦争の影響で仕事が激減し、収入を得ることができなくなりました。というのも、当時彼は白人が黒人に扮して演じるミンストレル・ショーのために曲を書いており、戦争によってショー自体が上演されなくなったからです。その結果フォスターは失意のうちに生活が乱れ、１８６４年にニューヨークのホテルで事故死しました。

ところが、こうした悲劇的最後を遂げたフォスターですが、彼の作品はその後も人々に愛され続け、「アメリカ民謡の父」とまで言われるようになりました。

「あとがき」に代えて

歌が持つ癒やしの力

大塚野百合

高野辰之作詞、岡野貞一作曲の「故郷《ふるさと》」は、日本人にこの上なく愛されている歌です。東日本大震災の被災者たちが涙を流しながら歌っている姿を見て、心を打たれました。この歌には、苦しんでいる人を慰める不思議な魅力があるのです。実は岡野は14歳の時に洗礼を受け、42年間本郷中央教会でオルガニストとして賛美歌の伴奏をしていました。それで、賛美歌の旋律がもたらす「癒やしの力」が彼の魂に浸みこんでいたのです。そのような「癒やしの力」を持つ賛美歌の代表が『讃美歌』「いつくしみ深き」（本書14ページに歌詞あり）です。キリスト教信者が愛している歌です。ところがこの歌は信者ではない人も慰める歌なのです。

久世《くぜ》光彦《てるひこ》は有名なテレビドラマの制作者で、「時間ですよ」や「寺内貫太郎一家」などのドラマを作った人です。１９９５年に『マイ・ラスト・ソング——あなたは最後に何を聴きたいか』（文芸春秋社）という本を書きました。その中で彼自身は賛美歌「いつくしみ深き」を聴きたいと書いたのです（第1巻）。それを読んで私は驚きました。この賛美歌が持っている底力のすごさに圧倒されました。本書の「解説」で触れましたが、賛美歌には作者の人生と信仰が投影されています。そこから紡《つむ》ぎ出される歌詞とメロディーだから人の心を打つのでしょう。

他方、「故郷」に代表される唱歌も今では日本人の心に根付いた「癒やし」の歌です。その唱歌と賛美歌とには切っても切れない関係があります。そして共に、私たちの「こころの歌」と言ってもいいものです。本書のタイトル「こころの賛美歌・唱歌」もそのような意味が込められています。生命力のある歌は、すべての人々を慰め、励ますことができます。たとえばバッハの「マタイ受難曲」はキリスト教信者ではない多くの人々を感動させる音楽です。この曲を愛した武満徹《たけみつとおる》は、最後の息を引き取る時、偶然ラジオから流れるこの曲を聞いて旅立ったそうです。同じようにあなたを励ますあなただけの一曲があるなら、人生はそれだけで幸せと言っていいのかもしれません。

最後に、本書企画時に故川端純四郎氏のご協力・ご助言がありました。あらためて謝意を表したいと思います。

大塚野百合

東京女子大学英語専攻部、早稲田大学文学部史学科卒。米国クラーク大学大学院修士コース修了。

イェール大学神学部研究員、恵泉女学園大学教授、昭和女子大学非常勤講師等を歴任。恵泉女学園大学名誉教授。

著書 『賛美歌・聖歌ものがたり』『賛美歌と大作曲家たち』『賛美歌・唱歌ものがたり』『賛美歌・唱歌ものがたり（2)』『賛美歌・唱歌とゴスペル』『出会いのものがたり』（創元社)、『「主われを愛す」ものがたり』『「きよしこの夜」ものがたり』『受難と復活の賛美歌ものがたり』（教文館）ほか多数。

あのなつかしいメロディーと歌詞を歌う
こころの賛美歌・唱歌

2017 年 9 月 25 日　初版発行

監修	大塚野百合
編集	日本キリスト教団出版局
発行	日本キリスト教団出版局
	〒 169-0051　東京都新宿区西早稲田 2 丁目 3 の 18
	電話　03-3204-0422　編集　03-3204-0424
	http://bp-uccj.jp
印刷・製本	三秀舎
写真	小林恵
カバーデザイン	株式会社 m2design

ISBN978-4-8184-0983-5　C0073　日キ販
Printed in Japan
落丁・乱丁本は当社にてお取替えいたします。